GÉNÉALOGIE

DE LA

FAMILLE SAUREL

DE MALAUCÈNE

MARSEILLE

A LA LIBRAIRIE DE LA PROVENCE POÉTIQUE

43, Rue Paradis, 43

—

MDCCCLXXXIII

Les *Saurelli* ou *Saurel* tirent leur nom patronymique du mot *Saur*, emprunté à la vieille langue gothique, conservé dans le français, l'italien, le provençal, et indiquant une variété du *blond* ou du *roux*.

Cette famille existait à Inspruck. Un de ses membres, *Bozini Saurelli*, passa d'abord à Verceil et s'établit ensuite à Mallemort-du-Comtat peu avant le milieu du XVᵉ siècle. Sa descendance très-nombreuse se répandit dans plusieurs localités de l'état pontifical.

Les recherches faites en 1766, par le chevalier de Charrasse de Brassetieux, dans les archives de la famille de Bonadona de Mallemort, également originaire d'Inspruck, amenèrent la découverte de plusieurs actes notariés portant la date de 1477 et 1499 et dans lesquels il est fait mention de plusieurs Saurelli et notamment de Bozini, souche de cette maison dans nos contrées (1).

A la même époque (1477) *Etienne Saurelli*, fils de Bozini, figure sur le *Livre des Propriétaires* de Beaumont (2), et après lui on y trouve *Jean Saurelli*, son fils aîné (3). Les archives de cette localité présentent les membres de ladite famille comme ayant fait en peu de temps de nombreuses acquisitions (4).

Les Saurelli, avec les Blanc, les Bremond et les Charrasse, formaient autrefois la grande majorité des habitants de Beaumont et conservèrent longtemps cette prédominance du nombre par suite des alliances fréquemment renouvelées entr'eux.

Michel Saurel ou *Saureau*, dit Thiès (5), arrière-petit-fils de Bozini, laissa plusieurs enfants, entr'autres Michel et Esprit.

Ces deux frères épousèrent le même jour deux sœurs qui appartenaient à la famille du Col de Malaucène (29 septembre 1636).

(1) Notes manuscrites sur la *Famille Saurel de Saurelli,* par le chevalier DE CHARRASSE DE BRASSETIEUX, cabinet de M. F. Brussett. — (2) Archiv. municip. de Beaumont. *Livre des Propriétaires*, de 1477 à la fin du XVᵉ siècle, nᵒˢ 2, 77 et 86. — (3) *Actes du Cadastre*, de 1513 à 1542. — (4) *Actes du Cadastre*, de 1598 à 1605. — (5) *Actes du Cadastre* de 1598 à 1605.

Michel continua d'habiter Beaumont, tandis qu'*Esprit* tansporta son domicile à Malaucène.

Dans les archives de ces deux communes le nom de Saurelli est écrit de différentes manières : Saurel, Sorel, Soreau, Sourel, Sourrel, Saurèou, Saurèu. Les actes rédigés en latin lui donnent les désinences d'un adjectif déclinable.

Etienne Saurel, médecin, arrière-petit-fils d'Esprit et descendant de Bozini à la huitième génération, naquit à Malaucène le 18 avril 1713 et décéda dans cette ville le 28 mars 1777. Nommé consul pour la bourgeoisie, en même temps que J. de Joannis pour la noblesse et J. F. Reynaux pour les artisans et ménagers (1er mai 1749), il avait entrepris, de concert avec ses collègues, la création des belles promenades qui bordent la ville depuis la porte du Théron jusqu'à celle de Roux et dont nous avons parlé ailleurs.

Le vice-légat Pascal Aquaviva, craignant que l'œuvre ne vînt à échouer si ces hommes d'initiative étaient remplacés à la fin de leur gestion annuelle, les confirma pour une seconde année : fait unique dans les annales locales. Cette mesure obtint le résultat désiré; ces premiers travaux furent terminés avant l'expiration de la seconde année, c'est-à-dire avant le 1er mai 1751 (3).

Etienne Saurel eut trois enfants :

1° *Marie-Amable*, née à Malaucène (15 mars 1742), mariée avec Mathias Accarie, orfèvre de Valréas (7 décembre 1773), dont elle eut deux fils : — Mathias-Vincent Accarie, l'aîné, qui s'établit à Valence et dont le petit-fils, M. le docteur Henry Accarie, exerce présentement la médecine dans la même ville, — et Alexis-Raymond Accarie qui se fixa dans la commune de Venterol (Drôme) et chez lequel elle décéda (1815).

2° *André-Michel* (qui suit).

3° *Etienne-Alexis*, greffier de la justice de paix de Malaucène. Né le 8 février 1753, il décéda dans son pays natal au mois de février 1832.

Il avait épousé Marguerite Salomon, de Montélimar (15 février 1779), dont il eut une fille unique *Marie-Marguerite* (10 juillet 1780). Celle-ci contracta mariage avec Jean-Joseph-Balthazar Gleize, du Buis (18 mars 1804). Le seul fils né de cette union les précéda dans la tombe (1826).

André-Michel Saurel, fils d'Etienne, médecin à Malaucène,

---

(1) Archives municipales, *Registres des Délibérations du Conseil*, de 1749 à 1751.

où il était né (19 février 1744) et où il décéda (20 septembre 1815), s'était marié deux fois dans son pays natal. D'abord avec Marie Charrasse, fille de François Charrasse, notaire, et de Gabrielle Rolland (24 février 1767), et, après le décès de celle-ci, avec Marie-Rose-Ginoux, fille de Léonard Ginoux, notaire, et de Marie-Anne Astier (27 août 1776).

Il eut trois filles de sa première union et deux fils de la seconde :

1° *Marie-Rose-Thérèse-Claire-Amable*, née le 28 février 1768, mariée à Jean-Arnoux Guintrandy (20 juin 1786);

2° *Marguerite-Sophie*, née le 20 mai 1774, mariée avec Jean-Joseph Galand (2 décembre 1788);

3° *Marie-Rose-Thérèse*, née le 20 mai 1774, mariée avec François-Hyacinthe Guiméty (19 janvier 1789); décédée à Nîmes, chez son fils l'abbé Félix Guiméty, alors vicaire à la paroisse Sainte-Perpétue (21 mai 1849);

4° *Etienne-Léonard*, médecin dans l'armée française pendant les guerres d'Italie, était né à Malaucène le 19 avril 1777; praticien longtemps très occupé dans son pays; retiré ensuite à Avignon, où il finit ses jours sans laisser de postérité (28 décembre 1866);

5° *André-Ferdinand*, receveur des Douanes à Montpellier, né à Malaucène, le 7 septembre 1783, décédé à Montpellier le 1ᵉʳ avril 1860, a eu cinq fils de son union avec Rosalie Touchy de Saint-Sauveur, de Montpellier (8 avril 1813).

I. — *André-Ferdinand-Charles*, né à Cette, le 28 janvier 1814, reçu docteur en médecine à Montpellier, le 23 décembre 1837 (1), y a collaboré à la *Clinique*, au *Journal de médecine pratique*, à la *Gazette médicale de Montpellier*, à la *Revue thérapeutique du Midi*, éditée par son frère Louis; a collaboré activement, plus tard, à la *Tribune médicale* de Paris, fondée et dirigée par Marchal de Calvi; a publié, en 1845, sous le titre de *Mémoires de Chirurgie et de Physiologie pratiques*, la traduction des premiers *Practical Essays* du savant physiologiste écossais Charles Bell (2); avait été embarqué, un an avant, comme chirurgien des Paquebots-poste de la Méditerranée, dépendant du Ministère des Finances; naufragé sur le *Périclès*, un de ces navires, à Civita-

(1) Sa thèse inaugurale a pour titre : *Essais sur la Révulsion et la Dérivation*. Montpellier, Vᵉ Avignon, 1837, in-4° de 28 pages.

(2) *Mémoires de Chirurgie et de Physiologie pratiques, par sir* Charles BELL, *professeur à l'Université d'Edimbourg, traduits de l'anglais*. Montpellier, Castel; Paris, Baillère, 1445.

Vecchia, en 1848; a assisté peu après, jusqu'à la fin, seul étranger avec un Espagnol, à la violation du Quirinal qui détermina la retraite de Pie IX à Gaète; démissionnaire et marié à L'Isle (Vaucluse), en 1849, à Mélanie Védèche; médaillé pour services rendus dans cette localité et aux environs à l'occasion du terrible choléra de 1854; a participé à la rédaction du journal espagnol *Las Vides Americanas* et de la revue française *La Vigne Américaine*, où il a donné des traductions d'articles italiens relatifs au phylloxera; médaillé à Carpentras, en 1881, pour un procédé facile et pratique d'écussonnage de la vigne, exposé d'abord par lui dans une conférence au même lieu (1) et encore à Avignon, en 1882, à l'occasion du concours régional, sous le patronage de la Société d'Agriculture et d'Horticulture de Vaucluse (2); membre correspondant de cette société; auteur de nombreux articles non signés ou signés d'un pseudonyme. Secrétaire du Conseil municipal de l'Isle, il en rédigea le dire dans l'enquête à propos de l'embranchement de chemin de fer qui devait desservir Apt par Cavaillon ou par l'Isle (3). Cavaillon eut gain de cause, mais la question n'est pas jugée définivement, en ce sens du moins qu'Apt devra être relié directement avec L'Isle par un tronçon de 10 hilomètres allant de cette dernière localité à la gare dite de Maubec. Le Conseil général de Vaucluse l'a déjà demandé et cette solution s'imposera dès que la voie entre L'Isle et Orange par Carpentras sera construite. Le dire de L'Isle sera ainsi justifié.

II. — *Auguste-Gabriel-Raymond*, né à Agde, le 1er juin 1816. Il fit ses études de latinité à Sainte-Garde qu'une ordonnance royale toute récente avait permis d'ériger en petit séminaire. Il avait été attiré par un des co-acquéreurs de cet établissement, son parent, l'abbé Maurin (Joseph–Denis–Xavier), de Mollans, ancien chanoine et capiscol de Vaison, alors aumônier de la succursale de l'Hôtel des Invalides, à Avignon.

Au mois de juillet 1832, le jeune Raymond terminait ses hu-

(1) *Conférence sur l'écussonnage aérien de la vigne*, faite le 18 septembre 1881, au Palais-de-Justice, à l'occasion de l'Exposition du Comice agricole. — Bulletin du Comice agricole de l'arrondis ement de Carpentras, 1881.

(2) *Conférence sur le greffage de la vigne* (lundi 8 mai 1882). Extrait du Bulletin de la Société départementale d'Agriculture et d'Horticulture de Vaucluse, in-8°.

(3) *Embranchement d'Apt.* — Observations et délibérations introduites dans l'enquête pendante relativement à cet embranchement par le Conseil municipal de L'Isle. Avignon, Gros, 1866, in-4° de 24 pages.

manités et figurait sur le *Programme de la distribution des prix*, comme le premier élève de sa classe (1).

Sur la fin des vacances qui suivirent, une ordonnance de Mgr d'Humières régla qu'à Sainte-Garde les études ne seraient plus poussées désormais que jusqu'à la quatrième inclusivement. Lorsque, peu après, cette mesure malencontreuse eut été rapportée, Raymond Saurel était déjà reçu au petit séminaire de Montpellier pour y faire sa rhétorique, sous le costume ecclésiastique.

Il passa l'année suivante au grand séminaire de la même ville, fit ses études philosophiques et théologiques, reçut les ordres mineurs et se disposait à partir pour les missions étrangères.

Rentré dans sa famille à l'époque des vacances, il se rendit un jour avec quelques-uns de ses condisciples à la rivière du Lez, qui passe près de la ville de Montpellier. Il était déchaussé et prenait son bain de pieds (2), lorsque, entendant des cris de détresse poussés par un de ses amis en danger de se noyer, bon nageur et n'écoutant que son courage, il se précipita dans l'eau, sans même prendre le temps de quitter sa soutane. Paralysé tout aussitôt dans ses efforts par le poids de son long vêtement, il ne tarda pas à disparaître !... Les courses lointaines dans les pays de mission n'avaient pas été nécessaires pour donner au ciel un nouveau martyr de la charité fraternelle (7 juillet 1838).

Ce tragique évènement fut un deuil général pour la ville comme on peut en juger par la solennité donnée aux funérailles. Ses condisciples voulurent faire à eux seuls les frais de sa tombe, dans le cimetière du séminaire.

Sur la pierre sépulcrale, ils gravèrent ces trois inscriptions tirées de nos Livres Saints et qui se rapportaient : la première, aux vertus de celui qu'ils pleuraient ; la seconde, à l'affection qu'ils lui avaient vouée durant sa vie et qu'ils lui continuaient après sa mort ; la troisième, à la douleur de sa famille éplorée.

PUER ERAM INGENIOSUS,
SORTITUS SUM ANIMAM BONAM,
VENI AD CORPUS INCOINQUINATUM (*Sap.* VIII, 19).

IN VITA SUA DILEXERUNT SE ;
IN MORTE QUOQUE NON SUNT DIVISI (*Reg.*, I, 23).

FILIUS FUI PATRIS MEI TENELLUS,
UNIGENITUS CORAM MATRE MEA. (*Prov.* IV, 4).

(1) Imprimé à Carpentras...
(2) *Le Courrier du Midi*, journal de Montpellier, N° du 10 juillet 1838.

III. — *Paul-Léonard-Ferdinand*, prêtre, né à Agde (Hérault), le 28 août 1821, fit ses études à Sainte-Garde, au petit séminaire de Montpellier et au grand séminaire d'Avignon. Ordonné prêtre dans cette dernière ville, avec dispense d'âge, le 19 janvier 1845, il exerça longtemps le ministère paroissial dans le diocèse d'Avignon. Forcé de donner des soins à une santé fortement ébranlée, il donna sa démission de la cure d'Entraigues (23 mars 1874) et se rendit à Montpellier où il est aujourd'hui aumônier de l'hôpital Saint-Eloi.

Durant les sept années de son séjour à Avignon, comme vicaire ou aumônier (1851-1858), il dirigea l'œuvre de Saint-Maurice pour les militaires de la garnison (1) et c'est à cette occasion qu'il fit paraître *Le Livre du bon Soldat* (2) et les *Saints Soldats* (3).

Après avoir travaillé plus de quatre ans à la présente *Histoire de Malaucène*, il donnera une *Notice historique sur le Sanctuaire de Notre-Dame du Groseau de Malaucène*.

IV. — *Louis-Jules*, né à Montpellier, le 1er février (4) 1825, manifesta de bonne heure une ardeur extrême pour l'étude, jointe à une intelligence facile, nette, pénétrante.

La science médicale avait pour lui un attrait spécial. Il l'embrassa avec passion (5) et ne tarda pas à cueillir, comme élève, de nombreux lauriers, présage certain de succès ultérieurs (6).

La médecine navale, les longs voyages maritimes avec leurs

---

(1) Cf. *L'Univers*, édition quotidienne, n° du 24 juillet 1852. — Société de la Foi. Séance annuelle du 11 décembre 1853. *Rapport général*, page 30 (Avignon, Aubanel, 1854, in-8° de 40 pages). — *Mémorial de Vaucluse*, journal d'Avignon, n° du 18 mai 1854. — *Annuaire du département de Vaucluse* pour 1863 et années suivantes.

(2) Première édition, vol. in-32 de 192 pages. Avignon, Seguin, 1854. — Deuxième édition, vol. in-32 de 224 pages, Paris, Paulmier, 1856. — Voir, dans la *Revue des Biblioth. paroiss. de la province eccl. d'Avignon*, le n° du 18 février 1854, pages 57-64, l'article signé J. ROUMANILLE et ayant pour titre : *L'Œuvre de Saint-Maurice. A propos du Livre du bon Soldat, par l'abbé* F. SAUREL, *aumônier des Prisons et Directeur de l'Œuvre des Militaires* d'Avignon.

(3) Vol. in-12 de 192 pages. Carpentras, Devillario, 1854.

(4) Et non le 28, ainsi que l'avance par erreur le docteur Girbal dans le *Montpellier Médical* (Tome V).

(5) « Louis Saurel, étudiant en médecine, est entré à l'hôpital Saint-Eloi, « comme élève externe le 5 septembre 1842. Il a été premier externe de droit « depuis le 1er octobre 1842. Il a cessé le 29 février 1844. »

(6) Nommé, le 30 mai 1844, chirurgien sous-aide requis, à la suite d'un concours dans lequel il fut classé le second sur un grand nombre de candidats, il n'accepta pas cette position.

péripéties souriaient à cet esprit avide de science, de poésie et
d'émotions, et s'offraient à lui comme un idéal à poursuivre.

Après de brillants concours, il était nommé, le 1er avril 1845,
Chirurgien entretenu de 3e classe de la Marine, à Toulon (1), et,
le 1er octobre 1848, Chirurgien entretenu de 2e classe de la Marine,
à Brest (2).

C'est dans le premier de ces grades qu'il fit sur l'*Aube*, le
Caraïbe et l'*Elan* une campagne importante sur les côtes occi-
dentales d'Afrique dont le climat faillit lui être fatal. C'est dans
le second qu'il fit, en qualité de Chirurgien-major, une station de
vingt-deux mois dans le Rio de la Plata, à bord de l'*Alcibiade*.

Quelques années plus tard, après avoir subi avec distinction
ses divers examens, l'élève de Montpellier demanda à la Faculté
de sa ville natale le diplôme de docteur en médecine. Sa thèse
inaugurale, soutenue le 25 février 1851, sur la *Climatologie médicale de Montevideo* et de la république orientale de l'Uruguay fut
accueillie avec une faveur méritée. Elle brille à la fois par la
richesse des documents et la légitimité des appréciations.

Rentré au sein de sa famille après huit années d'absence, Louis
Saurel renonça, quoique à regret, aux avantages d'une position
rapidement acquise et au séduisant prestige d'un avancement
assuré et se maria.

Il avait apporté de ses longues excursions un bagage médical
qui aurait pu suffire à d'autres; mais il parut incomplet à ses
yeux. A bord des divers bâtiments qui l'avaient transporté dans
des plages lointaines, des maladies de tous genres s'étaient offer-
tes. Plusieurs étaient de nature à piquer sa curiosité scientifique;
aussi ne se borna-t-il pas à prodiguer à ses malades les ressources
de sa science et de son dévouement. Doué d'une très grande acti-
vité, il trouvait au milieu d'occupations sans fin, parfois même
en face de périls imminents, assez de temps et de calme d'esprit
pour consigner dans des notes l'historique des cas rares, et rédi-
ger avec un soin scrupuleux une masse d'observations précieuses.
Tels furent les éléments de son *Traité de Chirurgie navale*.

Loin de faiblir, cet amour des investigations scientifiques, cette
ambition d'être utile qui tourmentaient sans relâche sur les flots
de l'Océan le jeune chirurgien de marine, n'ont fait que s'accroî-
tre dans un milieu plus calme. Dès l'instant qu'il eut renoncé à la
mer, il ne rêva rien moins que le professorat. Il s'engagea résolu-

(1) Nommé le 1er sur 19 concurrents.
(2) Nommé le 1er sur 20 concurrents.

ment dans la triple et difficile carrière du concours, du journalisme et de la pratique.

Son talent d'écrivain ne tarda pas à se faire jour. Malgré les mille obstacles qui entravent en province la réussite d'une publication scientifique de longue haleine, la *Revue thérapeutique du Midi*, dirigée par lui avec une persévérance louable de 1852 à 1860, a constamment maintenu sa place élevée dans la presse médicale. Ce précieux recueil bi-mensuel n'a pas peu contribué a répandre les principes féconds d'un vitalisme hippocratique, à la fois traditionnel et progressif ; il a mis en relief une foule d'utiles applications thérapeutiques ; il a battu en brèche, par une critique parfois acérée, les faux systèmes, les théories dangereuses et le charlatanisme plus ou moins déguisé. Ajoutons que les droits, les devoirs et la dignité de la profession médicale y sont parfaitement compris.

Un concours pour l'agrégation, dans la section chirurgicale, est ouvert à Montpellier en 1855 ; Saurel se met sur les rangs et dispute vivement la palme. Contre l'attente presque générale, et à cause de ses opinions politiques, il ne sort pas vainqueur de la lice, aussi après la proclamation du jugement, les membres du jury sont-ils accompagnés par les sifflets et les huées des étudiants.

La lutte a mis en lumière la variété des connaissances, la remarquable facilité d'élocution, la verve et le talent d'exposition du candidat.

Deux ans après, il descend de nouveau dans l'arène. Le débat n'est ni moins chaleureux, ni moins brillant ; la décision du jury lui est, cette fois, favorable : il est élu agrégé stagiaire. Son entrée en exercice date du 1er janvier 1860.

Les efforts prolongés d'une intelligence toujours en éveil altérèrent peu à peu l'énergie d'une constitution délicate, et Louis Saurel succomba brusquement à la suite d'une longue maladie, le 9 juin de la même année. Sa dépouille mortelle, accompagnée par un nombreux cortège, fut transportée au cimetière de l'hôpital général de Montpellier.

Le docteur Louis Saurel était membre correspondant de la Société de Chirurgie de Paris (21 mars 1855), membre titulaire de l'Académie des Sciences et Lettres et de la Société de Médecine pratique de Montpellier, membre correspondant de l'Académie royale de Médecine et de Chirurgie de Madrid, de la Société des Sciences médicales et naturelles de Bruxelles, des Sociétés de Médecine de Paris (19 juin 1856), d'Anvers, de Bordeaux, de Bruges, de Gand, de Marseille, de Nîmes, de Poitiers, etc.

Parmi les publications du Dr Louis Saurel, nous citerons les suivantes :

1° *Chirurgie navale* ou *Etudes cliniques sur les maladies chirurgicales que l'on observe le plus communément à bord des bâtiments de guerre*, 1 vol. in-8° de 320 pages. Paris et Montpellier, 1853.

Le succès de cet ouvrage et les félicitations qu'il valut à son auteur l'engagèrent à lui donner de plus grands développements, à le compléter pour arriver à en faire un traité classique de chirurgie navale. Dès l'année 1857 il s'était entendu avec la maison Baillère, de Paris, pour les détails relatifs à l'impression. Sa mort prématurée ne lui permit point de mettre la dernière main à cette œuvre de longue haleine. Les éditeurs firent appel au savoir et à l'obligeance de deux professeurs des écoles de médecine navale. Tous deux comprirent qu'il s'agissait d'un livre utile, et, se rappelant que Saurel avait été un des leurs, ils acceptèrent cette tâche imposée en même temps à leur savoir et à leur cœur. L'un d'eux, M. Leroy de Mirécourt, voulut bien se charger du soin de revoir le manuscrit sans en modifier le fond, ni la forme. Le second, M. Brochard, ajouta comme appendice un mémoire qui a pour titre : *Du Service chirurgical en temps de guerre*.

Ce livre, revu et complété par des hommes compétents, illustré de 106 planches intercalées dans le texte, est devenu le manuel des médecins de la marine. Il a pour titre : *Traité de Chirurgie navale*. Paris, J.-B. Baillère et fils, 1861. in-8° de 600 pages.

2° *Note sur les Conditions sanitaires des possessions de la France au Gabon*, in-8° de 38 pages. Montpellier, 1847.

3° *Du Goître et du Crétinisme*, in-8° de 164 pages. Montpellier, 1851.

4° *Recherches d'Hydrographie médicale*, in-8° de 51 pages. Montpellier, 1851.

5° *Observations sur le Priapisme et l'Impuissance*, in-8° de 15 pages. Montpellier, 1851.

6° *Essai d'une Climatologie médicale de Montevideo et de la République orientale de l'Uruguay*. (Thèse inaugurale pour le doctorat en médecine qui obtint de la Faculté de médecine la mention *très-bien*), in-8° de 164 pages. Montpellier, 1851.

7° *Exposé historique et critique de la Vaccination syphilitique et de la Syphilisation*, in-8° de 32 pages. Montpellier, 1852.

8° *Observations de Chirurgie pratique*, traduites de l'espagnol et accompagnées de notes, in-8° de 38 pages avec figures. Montpellier, 1852.

9° *Lettre sur l'Anatomisme et le Vitalisme*, adressée à M. le Dʳ Amédée Latour, rédacteur en chef de l'*Union médicale*, in-8° de 16 pages. Montpellier, 1852.

10° *De la rigidité du col de l'Utérus dans les cas d'eclampsie, avant ou pendant l'accouchement, et du traitement qui lui convient*, in-8° de 24 pages. Paris, 1852.

11° *Notice historique, topographique et médicale sur les bains de mer de Palavas, près Montpellier*, in-8° de 51 pages. Montpellier, 1851.

12° *Mémoire sur les luxations des Cartilages costaux*, in-8° de 48 pages. Paris et Montpellier, 1854.

13° *Observation clinique suivie de réflexions sur un cas de Paralysie musculaire atrophique, guérie par l'usage de l'électricité et les eaux minérales de Balaruc*, in-8° de 32 pages. Montpellier, 1854.

14° *Des Fluxions au point de vue chirurgical* (thèse de concours pour l'agrégation en chirurgie), in-8° de 154 pages. Montpellier, 1855.

15° *Mémoire sur les Fractures des membres par armes à feu, suivi d'observations, pour servir à l'histoire des blessures par armes de guerre*, in-8° de 148 pages. Paris et Montpellier, 1856.

16° *Du traitement de la Pourriture d'hôpital au moyen des applications topiques de teinture d'iode*, in-8° de 16 pages. Montpellier, 1856.

17° *Du microscope au point de vue de ses applications à la connaissance et au traitement des Maladies chirurgicales*, in-8° de 148 pages. Paris et Londres, 1857.

18° *De l'importance de l'Ophthalmologie*, in-8° de 36 pages. Paris et Montpellier, 1858.

19° *Mémoire sur les Tumeurs des gencives connues sous le nom d'épulies*, in-8° de 58 pages. Paris et Montpellier, 1858.

Nous mentionnerons aussi quelques écrits divers, publiés dans les journaux de médecine, et entr'autres :

1° *Mémoire sur les applications de la Méthode anesthésique au traitement des maladies internes* (*Gazette médicale* de Paris 1854, nᵒˢ 6, 7, 11, 12 et 13).

2° *Quelques mots sur la thérapeutique des Fièvres de la côte occidentale d'Afrique* (*Gazette médicale de Montpellier et Gazette des Hopitaux*, 1848).

3° *Note sur une variété du Pian* (*Annales de Thérapeutique et de Toxologie*, 1848).

4° *Luxation du coude en arrière et en dehors ; réduction sans* le secours d'aides et par un procédé particulier (*Annales de Thérapeutique et de Toxocologie*, 1848).

5° *De la Médecine et des médecins en Espagne* (*Gazette médicale de Montpellier*, 1852).

6° *Effet du Coït après une amputation* (*Presse médicale Belge* 1852).

7° *Oblitération complète par adhérence des Parois du vagin chez une femme âgée* (*Journal de médecine de Bruxelles et Gazette des Hôpitaux*, 1854).

8° *Lettre sur les Viandes de la Plata, au point de vue de leur préparation et de leurs usages* (*Journal de médecine de Bruxelles*, 1854).

Nous négligeons, pour en finir, d'indiquer nombre d'articles insérés soit dans la *Gazette médicale de Montpellier*, soit dans la *Revue thérapeutique du Midi*, reproduits pour la plupart dans d'autres journaux de médecine. On en trouvera la longue liste, dans l'*Exposé des titres, des services et des travaux scientifiques du Dʳ Louis Saurel*, in-8° de 16 pages. Montpellier, 1857.

La famille Saurel possède plusieurs manuscrits du même auteur et en particulier le recueil des lettres qu'il lui adressa pendant ses courses lointaines et qui forment deux volumes in-8°.

(*Montpellier Médical*, Tome V. et Archives domestiques de la famille Saurel).

V. — *Auguste-Marie-Alfred*, né à Montpellier (Hérault), le 7 Octobre 1827.

Habitué par son père, dès sa première enfance, à l'idée qu'il ne serait jamais qu'un employé d'administration publique, comme lui, il s'attacha peu à obtenir des succès scolaires et après avoir été un élève médiocre dans diverses institutions, il se mit en mesure de subir ses examens pour entrer dans les Douanes.

A peine âgé de dix-huit ans, il enleva au concours le titre de surnuméraire, et dix-huit mois après, il était nommé Receveur à Port-Cros, l'une des îles d'Hyères.

L'avancement s'obtenait alors très difficilement dans cette administration ; aussi pour arriver à la position qu'il occupe encore aujourd'hui, dut-il subir des changements nombreux. On l'a vu courir de poste en poste : Mèze, Béziers, Agde, Cette, Aigues-Mortes, Septèmes, Marseille, Cassis, Port-de-Bouc, Marseille une seconde fois, Perpignan, Marseille une troisième fois, Lorient, Le Hâvre, Marseille une quatrième fois.

Contrairement à l'horoscope de son père, Alfred Saurel aurait été apte à faire tout plutôt qu'un employé des Douanes, car il cultiva les Beaux-Arts : la sculpture, la peinture, la musique, la littérature devinrent ses occupations favorites, d'autant mieux que la raideur de son caractère l'éloigna de ces actes de servilisme qui, pour le plus grand nombre des fonctionnaires publics, sont les seuls titres qu'ils puissent présenter pour arriver aux emplois supérieurs.

Tout en remplissant avec honneur et dignité toutes ses obligations, Alfred Saurel collabora d'abord à un grand nombre de petits journaux, puis, livré à lui-même et forcé de vivre dans des villages, il s'adonna à la statistique, à l'histoire et à l'archéologie.

Mais ses goûts purement littéraires ont repris plusieurs fois le dessus et c'est ainsi qu'il a fait représenter sur divers théâtres plusieurs des pièces dont voici l'énumération :

1° *Une écriture indéchiffrable*, comédie-vaudeville en deux actes, 1859.

2° *Les démolisseurs de la rue Noailles*, vaudeville en un acte, 1860.

3° *Le Temple de Janus*, vaudeville en un acte, 1860 (Gymnase de Marseille).

4° *Le Petit Argus*, vaudeville en un acte, 1860.

5° *Le Bourgeois de la Plaine*, vaudeville en un acte, 1860 (Théâtre-Chave).

6° *Le poste à feu*, comédie en un acte, 1861.

7° *Il a les cheveux rouges*, comédie en un acte, 1861.

8° *Le Désespoir de la Bôve*, revue Lorientaise en deux actes et 5 tableaux de l'année 1864-1865 (Théâtre de Lorient).

9° *Le Pardon de la Victoire*, drame historique en trois actes et en prose, 1865 (Théâtre de Lorient).

10° *Spartacus*, monologue en un acte et en vers, 1866 (Théâtre de Lorient).

11° *Les Caquets de la rue des Fontaines*, revue Lorientaise de l'année 1866, en 4 actes et 5 tableaux et un prologue en vers, 1867 (Théâtre de Lorient).

12° *Tête rouge mauvais cœur*, comédie en un acte, 1868 (Théâtre du Hâvre).

13° *Pierrot Gendarme*, pantomime en un acte. 1870.

Alfred Saurel n'a peut-être pas dit son dernier mot en fait de théâtre, car il détient en portefeuille :

14° *Les Femmes et la Bourse*, comédie de mœurs, en un acte et en prose.

15° *Le Rubis de Syrie*, féerie en six actes et vingt sept tableaux.

16° *Henriot et Fleurette*, opérette en trois actes.

17° *Une boîte à mariages,* vaudeville en un acte.

Voici la liste des ouvrages historiques, statistiques et archéologiques d'Alfred Saurel, présentée par ordre alphabétique :

1° *Almanach-Guide de Marseille et du Département des Bouches-du-Rhône*, 3 vol. in-32 de 170 pages chacun. Années 1870, 1871, 1872.

2° *Annuaire de Lorient et de son arrondissement*, vol. in-32 de 132 pages. Lorient, 1867.

3° *Catalogue raisonné des objets contenus dans le musée d'Archéologie de Marseille*, avec un plan et deux gravures (en collaboration avec *M. Penon*), broch. in-12 de 72 pages. Marseille, 1876.

4° *Constructions romaines. — Anciennes églises des Bouches-du-Rhône. — Grottes préhistoriques des Bouches-du-Rhône*, broch. in-8° de 68 pages. Tours, Paul Bousrez, 1883.

5° *De la culture de l'oranger en Provence et du commerce des oranges à Marseille*, broch. in-8° de 44 pages. Marseille, 1873. (Médaille d'argent.)

6° *Des réformes à apporter à la législation des annonces judiciaires et légales*, broch. in-8° de 20 pages. Marseille, 1872.

7° *Dictionnaire des villes, villages et hameaux du Département des Bouches-du-Rhône*, avec cartes, plans, dessins et gravures, publié sous le patronage du Conseil général (Médaille d'or). *Tome I*, grand in-8°, à 2 colonnes, de 390 pages. Marseille, 1877. — *Tome II*, grand in-8°, à 2 colonnes, de 416 pages. Marseille, 1879. — *Tome III*. (Sous presse.) — *Tome IV*. (En préparation.)

8° *Du rôle que joue le chien dans la société et de l'influence qu'il exerce sur la civilisation*, broch. in-12 de 24 pages. Marseille, 1871.

9° *Fossœ Marianœ* ou *Recherches sur les travaux de Marius aux embouchures du Rhône*, brochure in-8° de 52 pages, avec cartes et plans. Marseille, 1865. (Médaille d'or.)

10° *Géographie du Département des Bouches-du-Rhône*, vol. in-18 de 64 pages, avec cartes, plans et gravures, publié par la Maison L. Hachette. Paris, 1878. — 5 éditions.

11° *Guide de l'Etranger à Lorient*, avec une carte du département du Morbihan, vol. in-16 de 138 pages. Lorient, 1871.

12° *La Banlieue de Marseille,* ornée de cartes et dessins, vol. grand in-8°, à 2 colonnes, de 212 pages. Marseille, 1878.

13° *La consommation des Fraises à Marseille*, broch. in-8° de 12 pages. Marseille, 1872.

14° *La Penne, la Pennelle et le général Pennelus*, broch. in-8° de 28 pages, avec cinq photographies par le même. Marseille, 1872.

15° *La Vallée de l'Huveaune*, broch. in-8° de 44 pages. Marseille, 1872.

16° *Les Bains de Mer*, la Plage de Trouville et la Plage du Prado, broch. in-8° de 24 pages. Marseille, 1871.

17° *L'Hôpital n'est pas fait pour les chiens*, boutade, broch. in-8° de 8 pages. Marseille, 1871.

18° *Lorient et les Lorientais*, vol. in-18 anglais de 153 pages. Lorient, 1867.

19° *Manuel de l'Etranger dans la ville d'Aix*, broch. in-32 de 36 pages. Marseille, 1871.

20° *Manuel de l'Etranger dans la ville d'Arles et son territoire*, vol. in-32 de 116 pages. Marseille, 1873.

21° *Manuel de l'Etranger dans la ville de Tarascon et son territoire*, broch. in-32 de 48 pages. Marseille, 1873.

22° *Manuel de l'Etranger dans les rues de la ville et de la banlieue de Marseille*, vol. in-32. — 11 éditions.

23° *Maritima Avaticorum* ou *Recherches sur une ville morte dans la commune de Saint-Mitre (Bouches-du-Rhône)*, broch. in-8° de 48 pages, ornée de gravures. Tours, 1877.

24° *Marseille contemporaine* (extrait du *Tour-de-France*), in-4° de 160 pages, illustrée de gravures. Paris, 1876.

25° *Marseille et sa banlieue*, vol. in-32 de 140 pages. Marseille, 1870.

26° *Marseille et ses environs*, vol. in-32 de 312 pages, 28 vues, 2 plans. Paris (Collection Joanne), 1re édition, 1870 ; 2me édition, 1875 ; 3me édition, 1878 ; 4me édition, 1880 ; 5e édition 1881 ; 6e édition 1883.

27° *Marseille visitée en 24 heures*, broch. in-12 de 22 pages, avec plan. Marseille, 1875. — 2e édition, 1879.

28° *Mémoire à propos d'une inscription romaine*, broch. in-8° de 20 pages. Marseille, 1857.

29° *Notice historique sur le Château-Borély*, ornée de vues et de plans, broch. in-8° de 40 pages. Marseille, 1876.

30° *Notice sur la commune et sur les eaux minérales de Propiac (Drôme)*, broch. in-12 de 64 pages. Avignon, 1862.

31° *Notice historique sur Saint-Jean-de-Garguier, l'abbaye de Saint-Pons et Gémenos*, broch. grand in-8° de 76 pages. Marseille, 1863. (Mention honorable.)

32° *Petites Notices sur tous les Monuments et les Edifices publics de Marseille*, broch. in-32 de 36 pages. Marseille, 1879.

33° *Raolin* ou *Aperçu historique sur la République marseillaise au XIII° siècle*, broch. in-8° de 32 pages. Marseille, 1877.

34° *Rapport sur le tableau général du commerce de la France* avec ses colonies et les puissances étrangères, pendant l'année 1868, suivi d'un rapport sur le Cabotage, broch. in-8° de 20 pages. Marseille, 1871.

35° *Répertoire de l'histoire de Cassis*, broch. in-8° de 76 pages. Marseille, 1857.

36° *Roux de Corse* ou Notice historique et biographique sur Georges de Roux, marquis de Brue, négociant et armateur marseillais (1703-1792) broch. in-8° de 58 pages. Marseille, 1870.

37° *Statistique de la commune de Cassis*, vol. in-8° de 252 pages. Marseille, 1857. (Médaille de Vermeil.)

38° *Venise en Provence*, Histoire de Martigues et de Port-de-Bouc, volume de 164 pages, petit in-8°. Marseille, 1862. (Mention honorable.)

Alfred Saurel a collaboré en outre à la présente *Histoire de Malaucène* et a prêté son concours à son frère l'abbé Ferdinand Saurel, en ce qui concerne surtout la topographie, les époques celtique et romaine et le dessin des plans de la commune et de la ville.

Après s'être essayé dans plusieurs petites feuilles littéraires depuis longtemps disparues et avoir été rédacteur en chef de la *Publicité*, journal littéraire de Marseille, et avoir fourni de nombreux articles à l'*Égalité*, au *Citoyen*, au *Petit Marseillais*, à la *Gazette du Midi*, etc., de la même ville, Alfred Saurel a créé à Marseille les premiers journaux illustrés qu'on y ait vus :

1° *La Provence à travers champs* (Juillet 1880.)

2° *La Provence illustrée* (Novembre 1880.)

Au moment où nous écrivons ces lignes, Alfred Saurel est à la tête d'une autre publication littéraire qu'il a fondée au mois de Mars 1883 :

3° *La Provence poétique, biographique et littéraire*, journal bi-hebdomadaire, organe des *Petits Jeux Floraux de Marseille* et Moniteur des concours poétiques et littéraires de France.

Il fait paraître en outre par séries, format in-32, une suite d'*Excursions* sous le titre de :

52 Dimanches et 4 fêtes chômées autour de Marseille et dans le département des Bouches-du-Rhône, avec cartes, plans et armoiries.

Collaborateur assidu de M. Adolphe Joanne et de M. Paul Joanne, son fils et successeur, Alfred Saurel est chargé de la rédaction de tout ce qui est relatif au département des Bouches-du-Rhône, dans les divers ouvrages publiés par la maison L. Hachette et Cie.

Membre titulaire ou correspondant d'un très grand nombre de Sociétés savantes et littéraires, Alfred Saurel a remporté dans les concours académiques ou régionaux où il a présenté des travaux :

Deux diplômes d'honneur, deux médailles d'or, une médaille de vermeil, une médaille d'argent, diverses mentions, etc.

En 1882, il a fondé la *Société des Petits Jeux Floraux de Marseille* dont le succès est désormais assuré et qui ouvre chaque année deux grands concours poétiques et littéraires.

Les pièces envoyées à chaque concours sont réunies en un beau volume in-8° imprimé avec luxe et publié sous sa direction.

Les armes de la famille Saurel sont : *D'argent, à une tour maçonnée de sable.*